.... *meets* ....

In Cineastenkreisen erzählt man sich die Geschichte von Billy Wilder, der nachts eine geniale Filmidee hatte, sie auf einen Zettel auf dem Nachttisch kritzelte, morgens aufgeregt einen Blick darauf warf und dort las:

boy meets girl.

Tausend Mal verfilmt. Nie abschließend analysiert. Männer und Frauen – was trennt, was verbindet sie? Inspiriert durch Yang Lius »Ost trifft West« stieß Christoph Keese dieses Büchlein an – und er legte die Latte hoch: Kein Geringerer als Jan Schwochow sollte ohne viele Worte sagen, wofür tausend Titel nicht genügend Worte finden: Typisch Mann, typisch Frau.
Katharina und Jan Schwochow wühlten sich in Berlin durch Statistiken, beobachteten und diskutierten, scribbelten, verdichteten – und warteten auf Feedback vom Verlegerpaar in Mainz.
Ein Jahr lang. Zwei Paare, die jeweils Tisch und Bett, vor allem aber auch das Büro teilen, haben aus unzähligen Bildideen fünfzig ausgewählt, die zeigen, wie es um Männer (smaragdgrünblau) und Frauen (korallrot) in Deutschland 2013 bestellt ist. Wo die Gemeinsamkeiten liegen (weiß) und wo die Unterschiede.
Manches basiert auf soliden Statistiken, anderes auf täglicher Beobachtung. Manches wird sich nie ändern, manches hoffentlich nie! Und manches, was Sie bis jetzt für Ihr individuelles Problem gehalten haben (warum zieht Karin ihre – und vor allem Bertrams – Pullis immer falsch rum aus?), werden Sie als Gender-Phänomen erkennen. Wenn Sie sich dann verliebt anlächeln, hat dieses Büchlein seine Aufgabe erfüllt!

Karin & Bertram Schmidt-Friderichs

BEVÖLKERUNGSANTEIL

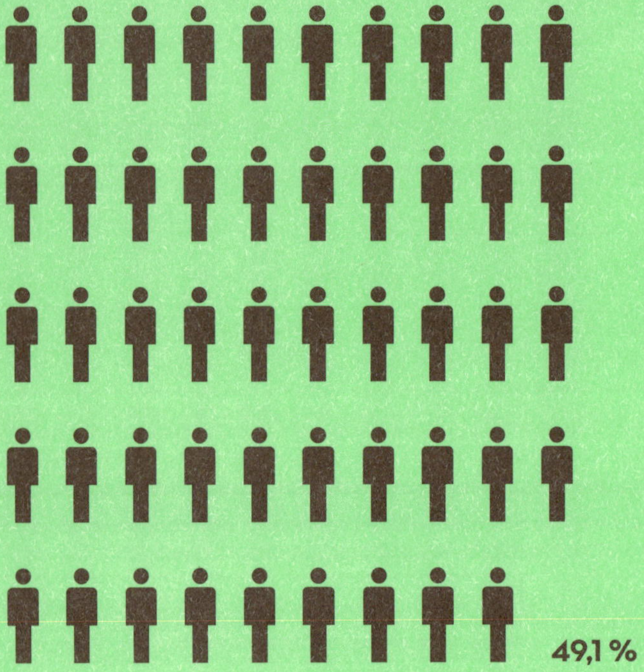

50,9 %

SITZHALTUNG

PARTYGETRÄNK

TREFFEN UNTEREINANDER

TOILETTE

TOILETTE IM FREIEN

SHOPPEN 1

JÄGER UND SAMMLER

KNOPFLEISTE

PULLOVER AUSZIEHEN

HOTEL MAMA

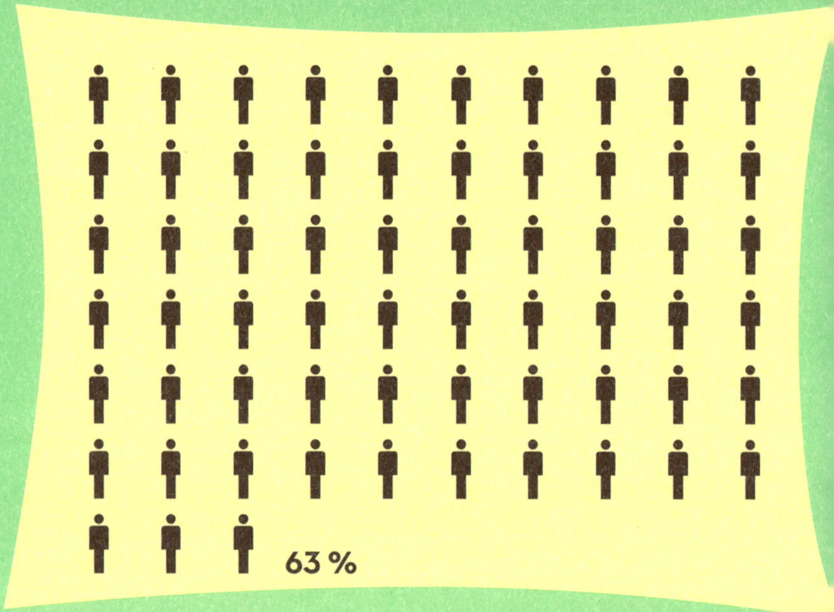

18 bis 26-Jährige,

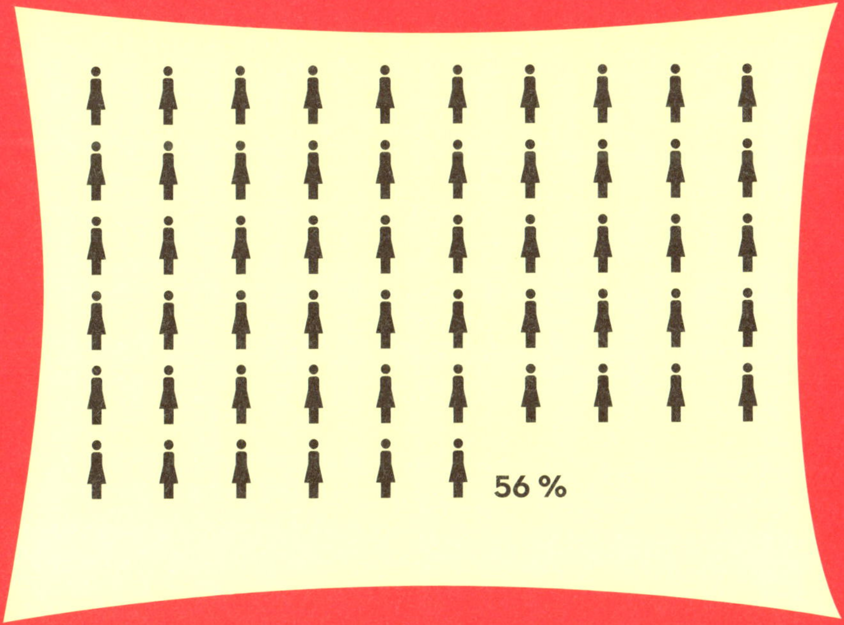

die im Haushalt der Eltern leben

HEIRATSALTER

33,3 Jahre

30,5 Jahre

GLEICHGESCHLECHTLICHE LEBENSGEMEINSCHAFTEN

40 %

TÄGLICHER ZEITVERTREIB IM BAD

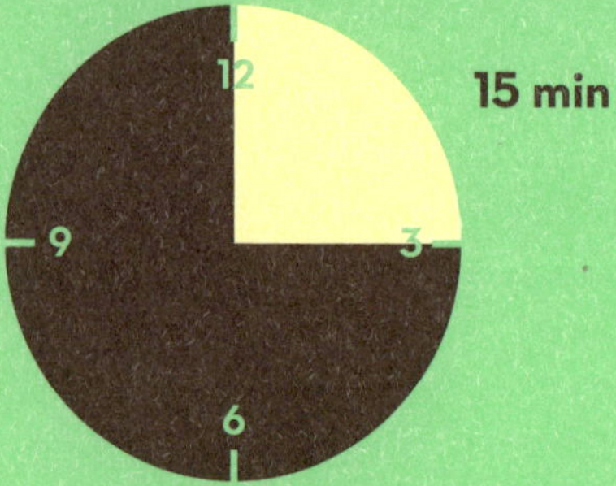

12
45 min
9
3
6

HÄUFIGSTE SCHÖNHEITSOPERATIONEN

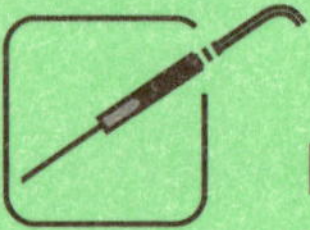

Fettabsaugen 23 %

Lidstraffung 16 %

Nasenkorrektur 10 %

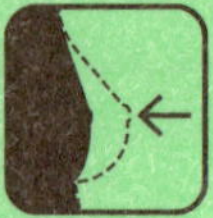

Brustverkleinerung 8 %

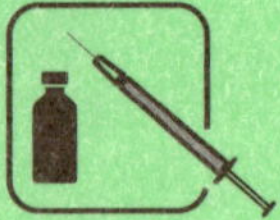

Botulinumtoxin (Botox) 8 %

Brustvergrößerung 24 %

Lidstraffung 15 %

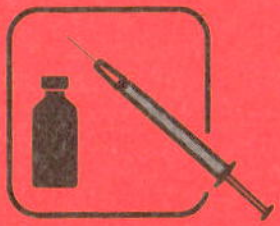

Botulinumtoxin (Botox) 13 %

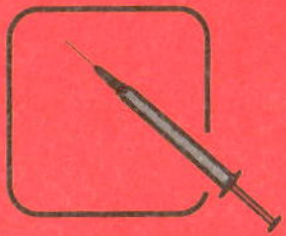

Faltenunterspritzung 13 %

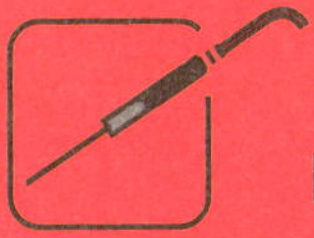

Fettabsaugen 13 %

ARBEITSTEILUNG

HAMMER HALTEN

»KRIEGEN«

SPIELZEUGWÜNSCHE

ELTERNZEIT

2 %

Inanspruchnahme der Elternzeit bei

Erwerbstätigen mit Kindern unter drei Jahren

KÄLTEEMPFINDEN

18°C

KOFFER PACKEN URLAUB

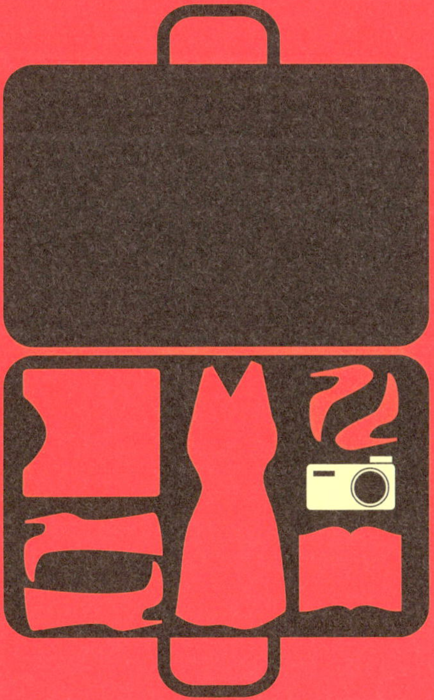

20 KG

KOFFER PACKEN GESCHÄFTSREISE

BADEBEKLEIDUNG

AUTO FAHREN

KARTE LESEN

N
S

CRUISING

HANDTUCH

FÜHRUNGSKRÄFTE

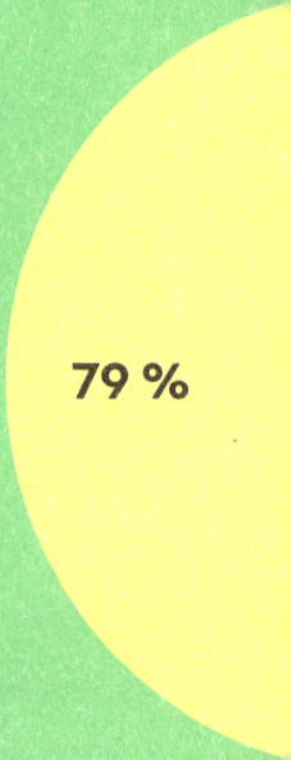

Frauenanteil in Führungspositionen (2012)

BRUTTO-VERDIENST

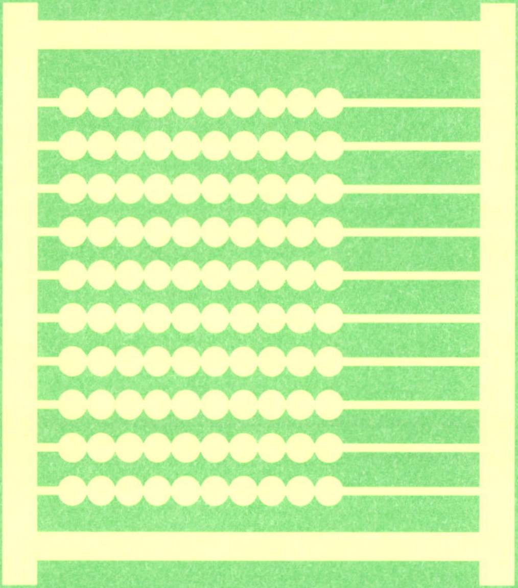

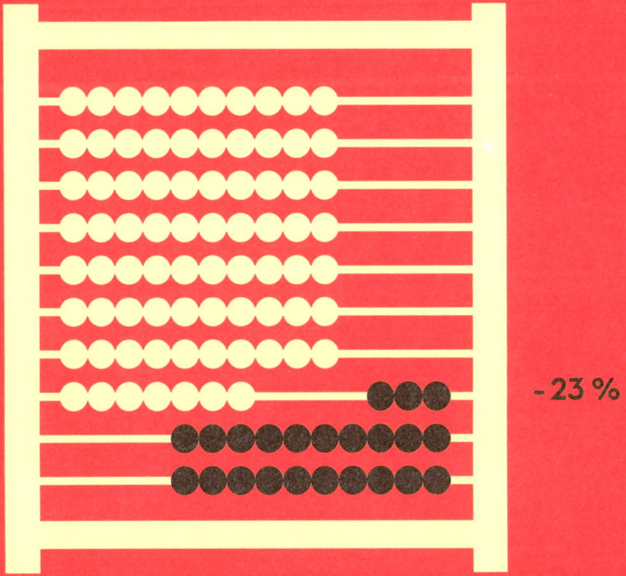
- 23 %

SONNTAGS- UND PROFIKÖCHE

ALLTAGSKÖCHE

DURCHSCHNITTSGEWICHT

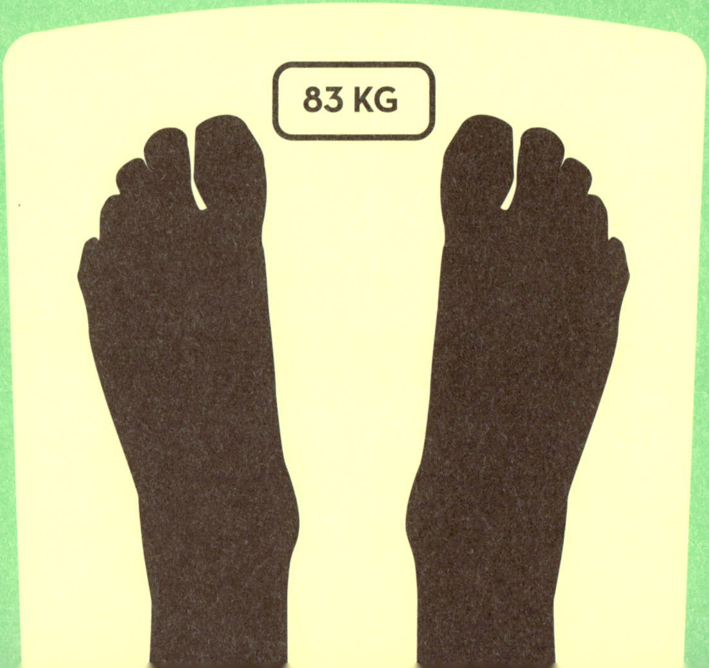

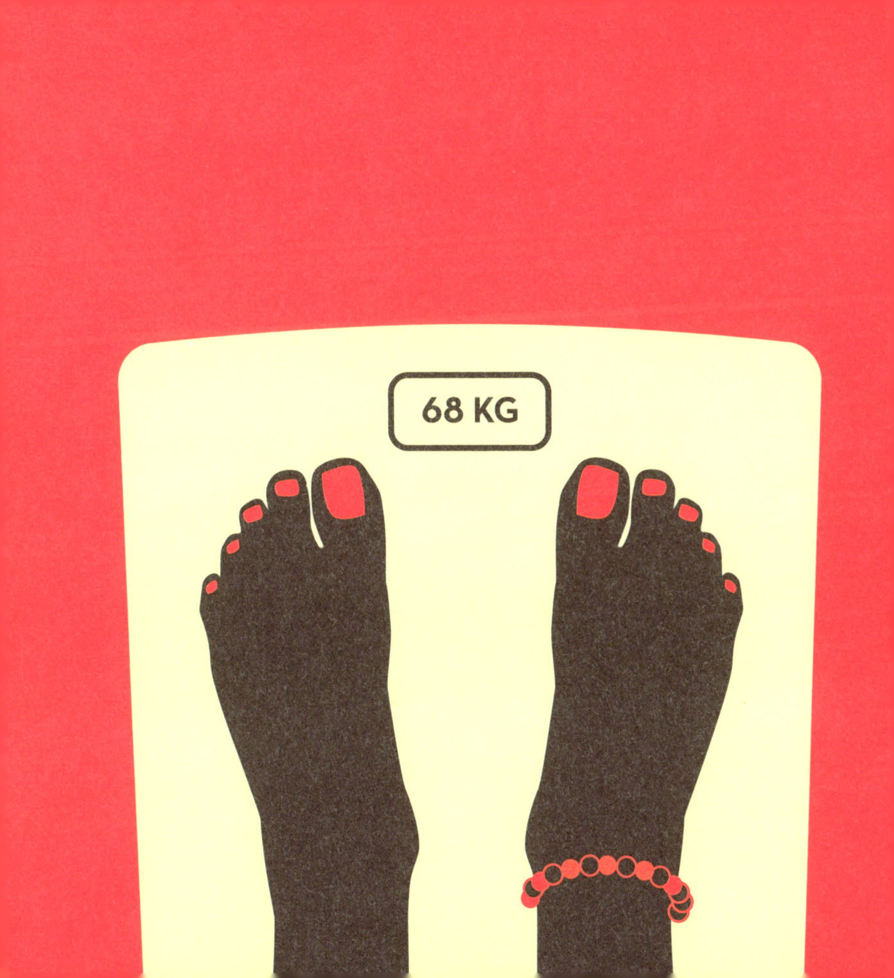
68 KG

PROBLEMZONEN UND URSACHEN

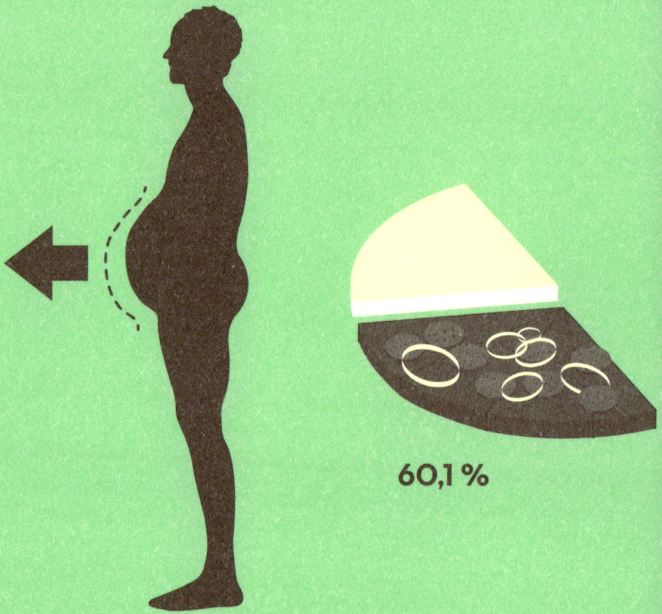

Anteil der Übergewichtigen

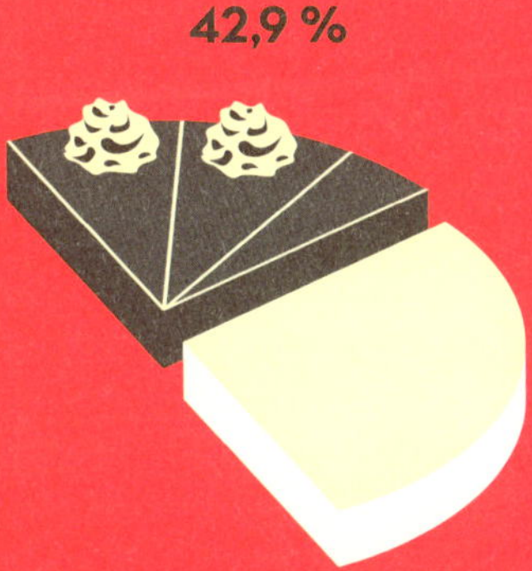

und Fettleibigen (älter als 15 Jahre)

SPORTARTEN

TURNEN

TEILNAHME AN OLYMPISCHEN SOMMERSPIELEN

Anteil der männlichen und

weiblichen Teilnehmer (international)

FUSSBALL

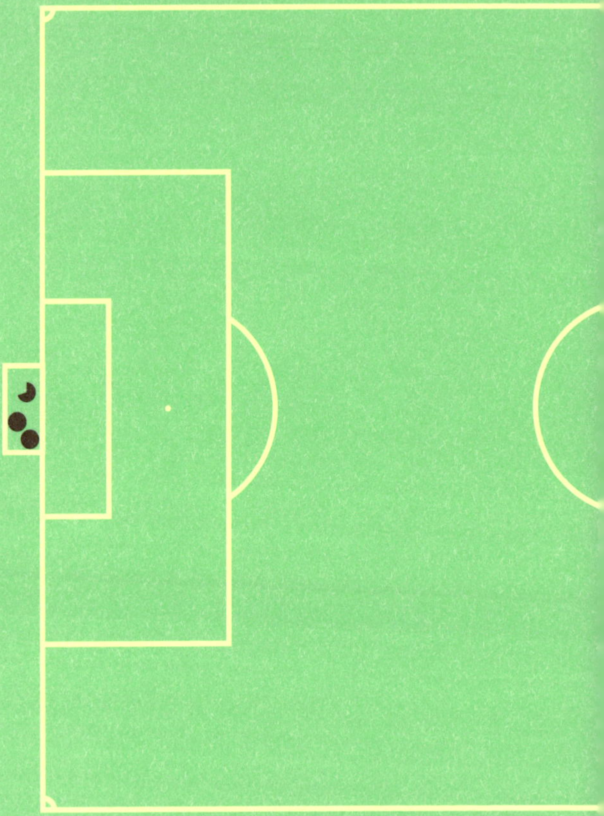

Ø = 2,7 Tore

Durchschnittliche Anzahl der Tore bei Spielen

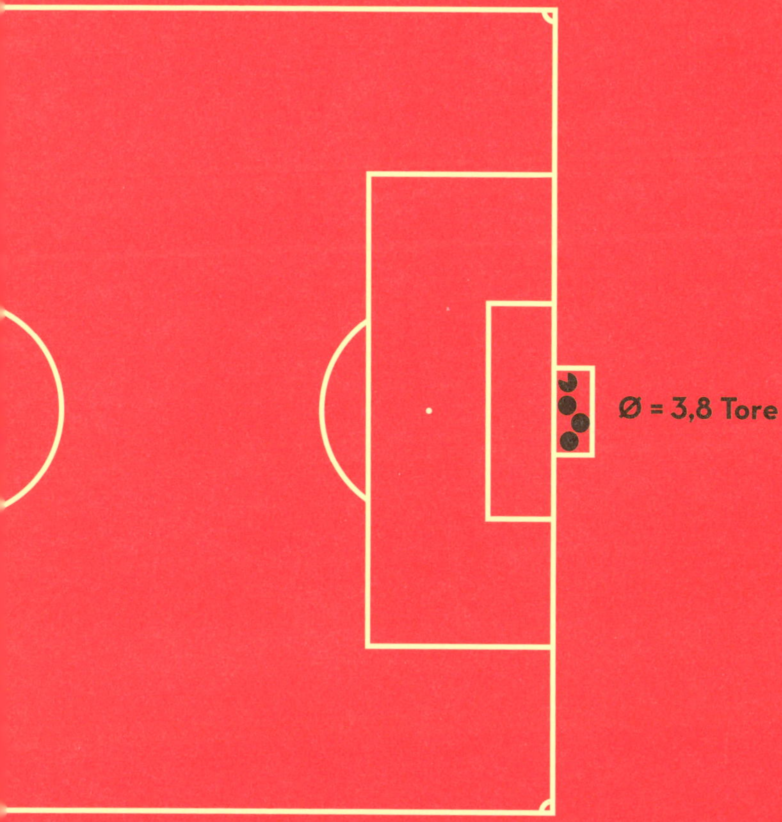

der FIFA Weltmeisterschaften (international)

TÄGLICHE RAUCHER

17,6 %

SELBSTMORDRATE

Anzahl der Suizide

je 100 000 Einwohner (2010)

MORD UND TOTSCHLAG

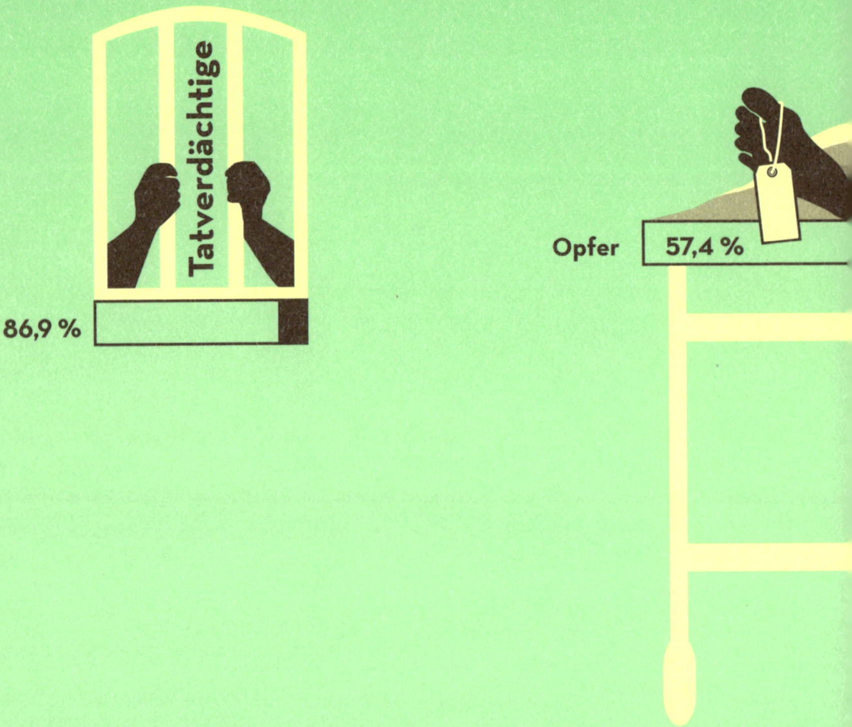

42,6 %

Tatverdächtige
13,1 %

LEBENSERWARTUNG

83 Jahre

Autoren

Jan Schwochow *ist Inhaber und kreativer Kopf der Agentur Golden Section Graphics in Berlin. Mit 45 Jahren blickt er auf über 20 Jahre Erfahrung als Infografiker, Designer und Journalist zurück. Er war u. a. Ressortleiter und Artdirector der Infografik-Abteilung beim Magazin Stern und als Art Director für Infografiken in der Entwicklungsgrafik des Verlages Milchstraße tätig. Zuletzt baute Jan Schwochow bei der Agentur KircherBurkhardt in Berlin eine Infografik-Abteilung auf, die er über zwei Jahre lang leitete. 2007 gründete er* ***Golden Section Graphics*** *(zurzeit 15 Mitarbeiter). Die Arbeiten des Teams wurden national und international zahlreich ausgezeichnet. Jan Schwochow ist Mitglied im Art Directors Club für Deutschland e.V. und in der Society for News Design.*

Katharina Schwochow *wurde 1983 in Halle an der Saale geboren, hat an der FH Merseburg Kommunikation und Technische Dokumentation studiert und dort als Diplom Technik-Redakteur abgeschlossen. Seit 2007 ist sie bei Golden Section Graphics beteiligt an nationalen und internationalen Erfolgsgeschichten.*

Katharina und Jan Schwochow *leben und arbeiten gemeinsam in Berlin.*

Danksagung & Quellen

Wir danken Christoph Keese für die Grundidee zu diesem Buch sowie Karin und Bertram Schmidt-Friderichs für ihre leidenschaftliche Hingabe zu diesem Projekt. Außerdem sprechen wir unseren Dank unserem Team von Golden Section Graphics für die mentale und emotionale Unterstützung aus.

Website Golden Section Graphics:
www.golden-section-graphics.com

Zum Projekt Ingraphics:
www.ingraphics.info

Quellen: Destatis, Statista/Statistisches Bundesamt, FIFA, Eurostat, Bundeskriminalamt/Kriminalstatistik 2011, OECD, Wikipedia, all-silhouettes.com

Impressum Verlag Hermann Schmidt Mainz

Erste Auflage

Gestaltung und Satz: Katharina und Jan Schwochow
Schrift: Neutra Text
Papier: 170 g/m² Lessebo Design Smooth ivory (PEFC)
Druck: Universitätsdruckerei H. Schmidt, Mainz

Wir übernehmen Verantwortung. Nicht nur für Inhalt und Gestaltung, sondern auch für die Herstellung: Das Papier für dieses Buch stammt aus sozial, wirtschaftlich und ökologisch nachhaltig bewirtschafteten Wäldern und entspricht deshalb den Standards der Kategorie »PEFC«. Die Abwärme, die beim Drucken dieses Buches entstand, wird konsequent zur Klimatisierung der Büroräume von Druckerei und Verlag genutzt. So können wir weitgehend auf fossile Brennstoffe verzichten – ein kleiner Beitrag zum besseren Klima.

»Die Zukunft sollte man nicht vorhersehen wollen, sondern möglich machen.«

Antoine de Saint-Exupéry

Bücher haben feste Preise!

In Deutschland hat der Gesetzgeber zum Schutz der kulturellen Vielfalt und eines flächendeckenden Buchhandelsangebotes ein Gesetz zur Buchpreisbindung erlassen. Damit haben Sie die Garantie, dass Sie dieses und andere Bücher überall zum selben Preis bekommen: bei Ihrem engagierten Buchhändler vor Ort, im Internet, beim Verlag. Sie haben die Wahl. Und die Sicherheit. Und ein Buchhandelsangebot, um das uns viele Länder beneiden.

Verlag Hermann Schmidt Mainz
Robert-Koch-Straße 8
55129 Mainz
Tel. 06131/506030
Fax 06131/506080
info@typografie.de
www.typografie.de

facebook: Hermann Schmidt Verlag
twitter: VerlagHSchmidt

ISBN 978-3-87439-718-6

Printed in Germany with Love.